Sergej O. Prokofieff
Die Mysterien der Hirten und Könige
im Lichte der Anthroposophie

Sergej O. Prokofieff

Die Mysterien der Hirten und Könige im Lichte der Anthroposophie

Verlag am Goetheanum

Autorreferat eines Vortrags vom 16. Mai 1998 in Moskau
anlässlich der Konferenz
«Die Suche nach der Sophia in der Gegenwart»

Aus dem Russischen von Ursula Preuß

Der Verlag am Goetheanum im Internet: vamg.ch

Umschlaggestaltung von Wolfgang Schildt, Berlin,
unter Verwendung von Fotos von © anthonyjhall/Getty Images/
iStockphoto.com und Karl Blossfeldt, Wikimedia Commons, lizen-
ziert unter CreativeCommons-Lizenz by-sa-2.0-de,
URL: http://www.wikiartis.com/en/karl-blossfeldt/works/haarfarn-
urformen-der-kunst/

Lektorat: Ute E. Fischer

2. Auflage 2015
© Copyright 2015 by Verlag am Goetheanum,
CH–4143 Dornach
Alle Rechte vorbehalten
Satz: Höpcke, Hamburg
Druck und Bindung: Druckhaus Nomos, Sinzheim

ISBN 978-3-7235-1544-0

Über die unmittelbare Beteiligung der Sophia an den Geschehnissen der Zeitenwende äußerte Rudolf Steiner in einem seiner Vorträge: «Durch die Offenbarung an die armen Hirten auf dem Felde, durch die Offenbarung an die Magier aus dem Morgenlande wirkte die göttliche Sophia, die himmlische Weisheit.» (GA 202, 24.12.1920). Wie ist diese Mitteilung des modernen Geistesforschers zu verstehen?

Um eine Antwort auf diese Frage zu finden, wollen wir uns zunächst der Geistesgeschichte der Menschheit zuwenden. Wie bekannt, spricht die Anthroposophie von zwei großen Mysterienströmungen, die einst vom alten atlantischen Kontinent aus nach Osten gingen. Vom geographischen Gesichtspunkt aus kann man sie als eine nördliche und eine südliche Strömung charakterisieren. In der nördlichen Strömung wurden vornehmlich solche Mysterien gepflegt, welche durch die Überwindung des Schleiers der äußeren Sinneswahrnehmung in die geistige Welt zu dringen strebten; in der südlichen dagegen suchten die Mysterienschüler den Zugang zur geistigen Welt, indem sie hinter den Schleier der inneren Seelenerlebnisse drangen.

Am Beispiel der beiden großen Eingeweihten der Erdenentwicklung, die sich auf die höchsten Stufen zweier unterschiedlicher Mysterien erhoben hatten, charakterisierte Rudolf Steiner deren Eigenarten.

Einer davon war der Gautama Buddha, der auf dem Weg der südlichen Mysterien seine Erleuchtung erlangte und dabei von der Bodhisattva- zur Buddhastufe emporstieg; der andere war Zarathustra, der auf dem Weg der nördlichen Mysterien die höchste Einweihung erlangte, wodurch er die Offenbarungen des Sonnengeistes selbst zu empfangen erwürdigt wurde, des göttlichen Ahura-Mazdao, in dem Zarathustra als Erster in der nachatlantischen Zeit den kosmischen Christus vor dessen Zur-Erde-Kommen erlebte. Damit wurden – wenn auch auf unterschiedlichen Wegen – diese beiden Eingeweihten zu Dienern des Christus, der zentralen geistigen Wesenheit unseres Kosmos.

Die Notwendigkeit *zweier* Mysterienströmungen in der Erdenentwicklung geht auf ein bestimmtes kosmisches Gesetz zurück. Gemäß diesem Gesetz tritt im Kosmos, um einen neuen Impuls in der Evolution, ihr Aufsteigen zur nächsten, höheren Stufe zu ermöglichen, zunächst eine gewisse Polarität auf – entstehen zwei polare Strömungen. In ihnen können sich ganz verschiedene Eigenschaften und Fähigkeiten zur späteren Vereinigung auf einer höheren Ebene entwickeln, was für das Entstehen eines neuen, höheren Impulses in der Erdenentwicklung notwendig ist. Zufolge dieses Gesetzes vollzog sich in der kosmischen Evolution zunächst die Trennung von Sonne und Erde und später die von Erde und Mond. Im Weiteren wird dann, jedoch auf einer sehr viel vollkommeneren Stufe, deren abermalige Vereinigung stattfinden.

Dieses Gesetz ist auch der Grund für das Entstehen der beiden Hauptströmungen – der nördlichen und der südlichen – in vorchristlicher Zeit. Denn ihre unabhängige Entwicklung und spätere Vereinigung war notwendig für die Vorbereitung des zentralen Ereignisses der Erdenentwicklung: die Verkörperung der göttlichen Wesenheit des Christus auf der Erde und später deren Hindurchgehen durch das Mysterium von Golgatha. «Denn wo zwei oder drei versammelt sind in meinem Namen, da bin ich mitten unter ihnen» (Matth. 18,20) – diese Worte des Christus Jesus weisen direkt auf das genannte Gesetz der geistigen Welt hin, das auf allen Ebenen des Daseins wirkt.

Und so war für die spätere Verkörperung der Christus-Wesenheit auf der Erde das Entstehen von zwei Mysterienströmungen noch auf der alten Atlantis notwendig, weil nur ihr Zusammenwirken und ihre höhere Synthese die Voraussetzungen für diese Verkörperung schaffen konnten. Wenn wir uns nun den Ereignissen der Zeitenwende zuwenden, wie sie in den Evangelien beschrieben sind, dann finden wir, dass beide Strömungen unmittelbar daran beteiligt sind. In der Gestalt der einfachen Hirten, von denen im Lukas-Evangelium gesprochen wird, und der weisen Könige, von denen das Matthäus-Evangelium kündet, finden wir die auserwählten Vertreter der beiden alten Mysterienströmungen an der Zeitenwende.

Das oben beschriebene kosmische Gesetz hat jedoch für unser Thema noch eine besondere Bedeutung. Denn überall dort, wo die Vereinigung von Gegensätzlichem geschieht, wo anstelle von Gegensatz und Rivalität die Harmonie des Einsseins entsteht, wirken die Kräfte jener erhabenen geistigen Wesenheit, die in der christlichen Esoterik Göttliche Weisheit oder Sophia genannt wird. In der russischen Sprache weist ein Wort auf diese besondere Eigenschaft der Sophia hin, das eine mit ihr besonders verbundene menschliche Tugend bezeichnet. Das ist das Wort *«zelomudrije»* (wörtlich übersetzt «Jungfräulichkeit»; das Wort ist jedoch zusammengesetzt aus «zjelo» = heil, unversehrt, ganz, und «mudrostj» = Weisheit). Mudrostj, Weisheit ist im Sinne des Genius der russischen Sprache stets vollkommen und unteilbar. Sie vereinigt alles und führt zur höheren Harmonie.

Damit haben wir die Grundlage für ein Verständnis der eingangs zitierten Worte Rudolf Steiners von der Beteiligung der göttlichen Sophia an den beiden Strömungen, der Hirten und der Könige. Insofern sich diese Strömungen an der Zeitenwende vereinigen sollten, wirkten in ihnen die Kräfte der Sophia, die sie zu dieser Vereinigung führte.

Wie aber vollzieht sich diese Vereinigung? Um eine

Antwort auf diese Frage zu finden, ist zunächst der Charakter der Einweihung, einerseits der Könige und andererseits der Hirten, näher zu betrachten.

Nach der christlichen Tradition kamen die Könige an der Zeitenwende aus Persien nach Palästina. Denn in jener Zeit war Persien mit seinen Mysterien, die noch von dem großen Zarathustra begründet worden waren, die Wiege alles magischen Wissens der Menschheit. Und wenn das Evangelium selbst davon spricht, dass die Weisen aus dem Osten, die, um den Knaben anzubeten, nach Bethlehem gekommen waren, *Magier* waren, so ist damit auf die Mysterien des alten Persien als den Quell ihrer Einweihung hingewiesen.

Es unterliegt auch keinem Zweifel, dass ihrem vielmonatigen Weg aus Persien nach Palästina eine Vorbereitung von langen Jahren in den Mysterien, aus denen sie ihre tiefe Weisheit schöpften, vorangegangen war. Diese Mysterienweisheit kam vor allem in ihren hellsichtigen Fähigkeiten, die geistige Welt imaginativ wahrzunehmen, zum Ausdruck, was es ihnen ermöglichte, den «Stern von Bethlehem» zu schauen, der sie dann zu dem Ort der Wiederverkörperung ihres großen Lehrers Zarathustra* führte. Dieser hatte sich in Palästina wiederverkörpert, um das Zur-Erde-Kommen der göttlichen Christus-Wesenheit vorzubereiten.

---

* Griechisch: Zoroaster, was übersetzt bedeutet «strahlender» oder «goldener Stern».

9

Somit erweist sich ihr Weg zu dem zentralen Geschehen der Erdenentwicklung als ein langer, sowohl in räumlicher als auch in zeitlicher Beziehung. Zudem waren sie wohl für ihre Mission an der Zeitenwende bereits in ihrer vorhergehenden Verkörperung vorbereitet woden, worüber uns die heutige Geisteswissenschaft das Folgende mitteilt. Im sechsten vorchristlichen Jahrhundert, etwa zu derselben Zeit, als der Gautama Buddha in Indien lebte und wirkte, verkörperte sich auch Zarathustra. Er trug in Babylonien damals den Namen Zaratos oder Nazaratos und hatte als esoterischer Lehrer viele Schüler. Zu den weiter fortgeschrittenen gehörten auch diejenigen, welche sich später im alten Persien als die drei Magier aus dem Osten verkörperten.

Rudolf Steiner teilt uns nur den Namen eines von ihnen mit. Es ist die Individualität des griechischen Philosophen und Eingeweihten Pythagoras. Dass er Babylon besucht hatte und dort von dem großen Nazaratos eingeweiht worden war, davon sprechen faktisch alle auf uns gekommenen Lebensbeschreibungen von Pythagoras. Die Namen der beiden anderen Schüler von Zaratos teilt Rudolf Steiner nicht mit. Sie sind jedoch auf Grund der historischen Quellen nicht schwer zu finden. Der eine muss der in Babylon lebende althebräische Prophet Daniel gewesen sein und der andere der persische König Kyros, der zu jener Zeit Babylon, entgegen dem, was damals üblich war, ohne Blutvergießen einnahm.

Vergleicht man diese drei Schüler des Nazaratos, so zeigt sich, dass jeder von ihnen eine ganz besondere Einweihung erhalten hatte. Pythagoras empfing als Philosoph eine Einweihung in die Mysterien des kosmischen Denkens; Daniel, als Prophet, in die Mysterien des kosmischen Fühlens und der persische König Kyros in die des Willens. Die Früchte dieser Einweihungen nahmen die drei Schüler dann in ihre nächste Verkörperung an der Zeitenwende mit, als sie von Osten kamen, um ihrem wiederverkörperten Lehrer ihre Gaben darzubringen und so auf symbolisch reale Weise auf seine neue Mission hinzuweisen. Diese Mission bestand darin, die drei irdischen Hüllen, den physischen, den ätherischen und den astralischen Leib, für die bei der Taufe im Jordan in sie herabkommende Christus-Wesenheit vorzubereiten.

So weisen die Gaben der Könige auf jene höheren Eigenschaften des Denkens, Fühlens und Wollens hin, mit deren Hilfe das Ich Zarathustras die drei Hüllen des Jesus für die Aufnahme der Christus-Wesenheit reinigen und vergeistigen sollte. Das Gold weist auf die Denkkräfte, die den Astralleib reinigen; der Weihrauch auf die Kräfte des Fühlens, die den Ätherleib entsprechend vorbereiten; und die Myrrhe meint die Willenskräfte, die den physischen Leib reinigen. Anders gesagt, diese Gaben sprachen von den drei Hüllen, die Zarathustra dem aus der geistigen Welt herabkommenden Christus bei der Taufe im Jordan opferte.

Die Strecke, welche die Hirten an der Zeitenwende

zurücklegten, war eine völlig andere. Es war weder ein zeitlich langer noch ein weiter Weg. Denn ihre Weiden befanden sich in der Nähe von Bethlehem, und in ihrer einfachen und natürlichen Lebensweise lassen sich zunächst keine Spuren einer Einweihung finden. Was erfahren wir aber durch die Geistesforschung Rudolf Steiners? In den armen Hirten auf dem Felde, so sagte er, lebten die Kräfte der althebräischen Propheten wieder auf. Und das bedeutet, dass bei ihnen eben jene geistigen Eigenschaften erneut in Erscheinung traten, die das althebräische Volk im Laufe von Jahrhunderten zur Verwirklichung seiner Hauptaufgabe entwickelte: die irdischen Hüllen für das Zur-Erde-Kommen des göttlichen Messias zu schaffen. Was waren das für Eigenschaften? Rudolf Steiner charakterisierte sie als die besondere Fähigkeit, die moralischen Impulse im Bereich des Willens zu erleben.

Wenn die heidnischen Kulturen, soweit ihnen die alten Mysterien zugrunde lagen, sich auf das Element der *Weisheit* gründeten, dann bildete bei der althebräischen Kultur das Element des *Willens* von allem Anfang an die Grundlage, wenngleich dieser zu jener Zeit noch mit Hilfe von Geboten und anderen Festlegungen von außen gelenkt wurde. Daher stammt auch die tiefe und sich durch viele Jahrhunderte hinziehende Antipathie des althebräischen Volkes allem Heidnischen gegenüber, allem «Unreinen», das auf die eine oder andere Weise mit der Vielgötterei der Naturweisheit verbunden war.

So geht das Entstehen des althebräischen Volkes auf den Auszug seines Stammvaters Abraham aus dem chaldäischen Ur zurück – wo sich ein uraltes Mysterienzentrum befand, in welchem man vor allem kosmische (Sternen-)Götter verehrte – und auf seine Wanderung nach Palästina, um dort ein neues Volk zu begründen, das mit Hilfe des strengsten Monotheismus vor allem moralische Willenskräfte entwickeln sollte, die es ihm ermöglichten, in jedem Augenblick, ohne zu zögern, der höheren Stimme Jahves zu folgen, wie das besonders kraftvoll gerade bei den althebräischen Propheten in Erscheinung trat.

Wer waren aber diese mächtigen Individualitäten? Als er über die alttestamentlichen Propheten sprach, wies Rudolf Steiner darauf hin, dass sich mit ihnen Individualitäten im althebräischen Volk inkarniert hatten, die in ihrer vorhergehenden Inkarnation Eingeweihte verschiedener Weisheitsmysterien heidnischer Völker waren. Als sie jedoch innerhalb des israelischen Volkes erschienen, entsagten sie aller Weisheit, die sie in den vorangegangenen Verkörperungen infolge ihrer Teilnahme an den alten Mysterien erworben hatten, um bedingungslos den Inspirationen Jahves folgen zu können.

Dasselbe lässt sich auch von den armen Hirten auf dem Felde vor Bethlehem sagen. Auch sie gehörten, ebenso wie die althebräischen Propheten, in vergangenen Erdenleben verschiedenen Weisheitsmysterien an, hatten jedoch um an ihrer Mission an der Zeitenwende willen all ihre Weisheit geopfert und sich als einfache Hirten verkörpert, um den Christus-Impuls unmittelbar in ihre Willenskräfte aufzunehmen.*

Und so verfügten die Hirten in ihrem Tagesbewusstsein, im Gegensatz zu den Magiern, die einen langen Einweihungsweg in die Weisheit der persischen Mysterien gegangen waren, über keinerlei besondere Weisheit. Als sich ihnen jedoch die Engelchöre offenbarten und die Stimme aus der geistigen Welt ertönte, die sich unmittelbar an ihre moralischen Willenskräfte wandte, folgten sie ihr widerspruchslos, ohne das geringste Zögern, und machten sich auf den Weg. Sie nahmen die göttliche Offenbarung von Anfang an nicht als Weisheit, sondern als eine Kraft wahr, die ihren Willen unmittelbar durchdrang. So konnten sie, obwohl sie ihre Offenbarung erst im letzten Augenblick empfingen und dieser ohne Zögern folgten, dennoch an den Ereignissen der Zeitenwende teilnehmen. – Und damit waren sie den Magiern gleich, die schon lange vor ihrem Kommen nach Palästina aus den Weisheitsmysterien von diesen Ereignissen Kenntnis hatten.

So war der Weg der Hirten ein kurzer, sowohl hinsichtlich des Raumes (sie befanden sich auf einem Feld unweit Bethlehems) als auch der Zeit, und doch führte die-

---

* Ähnlich waren auch einige Apostel arme Fischer und verzichteten zeitweilig auf alle Weisheit, die sie in vorhergehenden Verkörperungen erworben hatten.

ser Weg sie ebenso unmittelbar zu dem Ziel wie der lange Weg der Magier.

Die tiefe Weisheit, die im Zusammenwirken der beiden Wege und ihrer Vereinigung in dem einen Prozess der realen Vorbereitung des Erscheinens der göttlichen Christus-Wesenheit auf der Erde enthalten ist, zeugt von der Beteiligung der himmlischen Weisheit, der Sophia, an den palästinensischen Ereignissen.

Dafür, dass das Wissen um sie stets sowohl in der althebräischen Esoterik existierte als auch den babylonischen Mysterien, in welche Zarathustra die drei Könige aus dem Morgenland in ihrer vorhergehenden Verkörperung eingeweiht hatte, gibt es viele Zeugnisse. So finden sich in den «Sprüchen» und der «Weisheit» Salomos eine ganze Reihe von Hinweisen darauf, ebenso in dem Buch Jesus Sirach. Und in der chaldäisch-babylonischen Mysterientradition wird von dem mächtigen Erzengel Marduk-Michael als einem Sohn der noch höheren kosmischen Wesenheit Eia oder Ja gesprochen, deren Name, verbunden mit dem Wort die «Seiende» oder in der Mysteriensprache jener Zeit «Soph», uns das Geheimnis dieser besonderen Wesenheit der geistigen Welt enthüllt, der Wesenheit der göttlichen Sophia. So wirkte in dem Schicksal sowohl der Hirten als auch der Könige Sophia, die Göttliche Weisheit, in kosmischer und vorausschauender Weise.

Auf dieses Mysterium des Wirkens der Sophia an der Zeitenwende wird im vierten und abschließenden Teil der Grundsteinmeditation hingewiesen, die Rudolf Steiner auf der Weihnachtstagung 1923 gab. Er beginnt folgendermaßen:

In der Zeiten Wende
Trat das Welten-Geistes-Licht
In den irdischen Wesensstrom;
Nacht-Dunkel
Hatte ausgewaltet,
Taghelles Licht
Erstrahlte in Menschenseelen;
Licht,
Das erwärmet
Die armen Hirtenherzen;
Licht,
Das erleuchtet
Die weisen Königshäupter …

In diesen Versen wird viermal das Wort «Licht» ausgesprochen. Das erste Licht bezieht sich nach dem holländischen Anthroposophen Zeylmans van Emmichoven auf die Sophia-Wesenheit (das «Welten-Geistes-Licht»), das zwite Licht auf deren «Sohn», den Erzengel Michael, der die Finsternis des Unwissens überwand und als Mittler zwischen der Sophia und der Menschheit wirkt.*

---

* In den althebräischen Mysterien wurde er als der Führergeist des israelitischen Volkes verehrt, und in Babylon war ihm unter dem Namen Marduk der Haupttempel gewidmet, in dem Nazaratos im 6. Jahrhundert lebte und lehrte.

Dieses Licht, das von der Sophia ausgeht und durch ihren «Sohn» Michael wirkt, leitete geistig die Schicksale sowohl der Hirten als auch der Könige, sodass die einen wie die anderen ihre Mission an der Zeitenwende voll erfüllen konnten: gemeinsam die Verkörperung des Christus auf der Erde vorzubereiten.

Als aber dieses größte Ereignis sich vollzieht, beginnt der Christus selbst in ihren Seelen zu leuchten, sie mit einem neuen Weisheits-*Licht* und innerer Liebe-*Wärme* erfüllend, von denen ihr Denken durchdrungen und ihr Wille verwandelt wird. Nun sind sowohl die Hirten als auch die Könige in der Lage, beides, das Weisheits-Licht wie auch die Liebe-Wärme, harmonisch in sich zu vereinigen, und das bedeutet, sowohl die Kräfte des Kopfes als auch des Herzens zur vollen Übereinstimmung zu bringen.

Diese Verwandlung, welche die Christus-Kraft in den beiden Mysterienströmungen bewirkte, wird in den folgenden Versen des vierten Teils der Grundsteinmeditation zum Ausdruck gebracht:

> *Göttliches Licht,*
> *Christus-Sonne,*
> *Erwärme*
> *Unsere Herzen;*
> *Erleuchte*
> *Unsere Häupter.*

17

Auf die harmonische Vereinigung der beiden Mysterien-strömungen durch das Eintreten der Christus-Sonne in die Erdenentwicklung weisen diese Worte hin. Denn von da an dringt das «göttliche Licht» des Christus sowohl in die Herzen der Hirten als auch in die Häupter der Könige und vereinigt beide Arten von Mysterien zu den neuen, einheitlichen Mysterien des esoterischen Christentums. Damit ist auch das Urbild der weiteren Mysterienentwicklung der Menschheit gegeben, ein Urbild, das *jeder* Mensch in seiner eigenen Seele nur in voller Freiheit verwirklichen kann.

So muss nach dem Mysterium von Golgatha jeder Mensch sowohl die Strömung der Hirten als auch die der Könige in seiner Seele selbst vereinigen, indem er sein Herz und seinen Kopf mit der Christus-Kraft durchdringt. Und das bedeutet, dass alle diejenigen, die in der Vergangenheit zur Hirtenströmung gehörten, die Fähigkeiten der Magier, diejenigen aber, die in der Vergangenheit mehr mit den Königsströmungen verbunden waren, nun die Eigenschaften der Hirten in sich entwickeln müssen.

Von dieser Metamorphose der beiden geistigen Wege unter der Einwirkung des Christus-Impulses sprach Rudolf Steiner eingehend in den Weihnachtsvorträgen 1920 in Dornach. Und er wies auch darauf hin, dass das Streben, dieses neue Mysterienideal zu verwirklichen, esoterisch betrachtet nichts anderes sei, als die Suche nach der neuen Isis, der göttlichen Sophia, die allein dem heutigen Menschen die wahre *Erkenntnis* des Christus zu geben vermag: «Dann wird … [durch] die Kraft der göttlichen Sophia … der Christus, der seit dem Mysterium von Golgatha mit dem Erdendasein vereinigt ist, in dem Menschen auch zur rechten Wirksamkeit, weil zur rechten *Erkenntnis,* kommen. Nicht der Christus fehlt uns, die Erkenntnis des Christus, […] die Sophia von Christus fehlt uns» (GA 202, 24.12.1920), so sagte Rudolf Steiner.

Weiter sprach er von der Suche nach der neuen Isis, der göttlichen Sophia, als von der dringendsten Aufgabe der anthroposophischen Bewegung, und er wies auf die Anthroposophische Gesellschaft hin als auf eine Gemeinschaft der modernen Sucher der Sophia, die in dem gemeinsamen Wunsch verbunden seien, dieser hohen geistigen Wesenheit zu dienen. Diese *gemeinschaftliche Suche* nach der höchsten geistigen Weisheit sollte zum zentralen, gemeinschaftsbildenden Prinzip der Anthroposophischen Gesellschaft werden, die Suche, die alle Mitglieder in der gemeinsamen Liebe zu der göttlichen Weisheit, der Sophia, zu vereinigen vermag: «Es könnte doch so sein», sagte Rudolf Steiner, «dass diese anthroposophische Gemeinschaft eine Gemeinschaft von Menschen wäre, welche in Liebe verbunden sind, weil sie sich so fühlen, dass ihnen obliegt ein gemeinsames Suchen. Werden wir gewahr dieser unserer intimsten, innigsten Aufgabe!» (ebd.).

Wie aber kann in der menschlichen Seele diese Suche

vor sich gehen, wie kann diese Vereinigung der Fähigkeiten der Hirten und der Könige geschehen, wie kann eine wirkliche Harmonie der Kopf- und Herzenskräfte erreicht werden? Das beschreibt Rudolf Steiner auf die folgende Weise. Die Hirten müssen die Herzenswärme, die sie einst der Stimme aus den geistigen Welten, die ihnen das Herankommen der großen Ereignisse in Palästina auf dem Feld verkündete, innerlich entgegenbrachten, jetzt auf die ganze äußere Natur ausdehnen und als die große Offenbarung des neuen Geistes der Erde erleben, das heißt des Christus nach seiner Vereinigung mit der Erdenentwicklung dank des Mysteriums von Golgatha. In allen Naturprozessen müssen die heutigen Hirten die Stimme des Christus wahrnehmen.

Auf der anderen Seite sollen die Könige jene Imaginationen, die sie einstmals im Äußeren schauten – in den Weiten des Kosmos, deren Höhepunkt der Anblick des Weihnachtssterns war – durch die Entwicklung neuer, ganz innerlicher Imaginationen in ihre eigene Seelenwelt tragen. Solche Imaginationen finden sich vor allem in den mächtigen Bildern der Weltrevolution, die in vielen Vorträgen und den grundlegenden Büchern Rudolf Steiners enthalten sind.

Wenn der Mensch heute die geisteswissenschaftlichen Imaginationen der Weltevolution, die den kosmischen Zustand des alten Saturn, der alten Sonne, des alten Mondes, der Erde und der künftigen Äonen von Jupiter,

Venus und Vulkan beschreiben, in seine Seele aufnimmt, dann betritt er damit den neuen Königsweg. Und wenn der Mensch sich heute in die goetheanistische Erkenntnis und das Erleben der uns umgebenden Natur vertieft, dann, so beschrieb es Rudolf Steiner, wird der Labortisch für den Menschen zum Altar, dann betritt er den neuen Hirtenweg.

«Die Materie ist aufgebaut in dem Sinne, wie der Christus sie [nach dem Mysterium von Golgatha] nach und nach aufgebaut hat!» (GA 15), in diesen Worten wird einst das höchste Ideal der neuen Erkenntnis der Hirten enthalten sein. «Es wird künftig eine Christus-Idee leben in den Herzen der Menschen, an Größe mit nichts zu vergleichen, was bisher die Menschheit zu erkennen glaubte» (ebd.), diese Worte werden einmal das höchste Ideal der neuen Erkenntnis der Könige sein.

Und das bedeutet, dass heute jeder Mensch, der nach einem realen Erleben der Sophia strebt, den Weg der modernen Geisteswissenschaft oder Anthroposophie betreten muss, der es ermöglicht, die Christus-Wesenheit seit dem Mysterium von Golgatha als objektiv anwesend, sowohl in der äußeren Natur als in den Tiefen der menschlichen Seele, zu erkennen, oder, was dasselbe ist, den Weg zu betreten, der in ihm selbst zur Vereinigung der Fähigkeiten der Hirten und Könige führt, in derjenigen Form, die dem heutigen Bewusstsein entspricht.

Eine erkenntnistheoretische Grundlage für diese Vereinigung kann man bereits in einem der frühesten Werke

Rudolf Steiners finden – in seinem Buch «Die Philosophie der Freiheit» (GA 4). Darin wird eine wissenschaftliche Beschreibung des Erkenntnisprozesses gegeben, der aus der Vereinigung zweier polarer Elemente im menschlichen Bewusstsein hervorgeht: aus der von außen kommenden Wahrnehmung und dem aus den Tiefen der Seele aufsteigenden und ihr entsprechenden Begriff. Nur in deren Harmonie und wirklichen Verbindung entsteht der echte Erkenntnisakt.

Es ist nicht schwierig, in diesen grundlegenden Elementen des Erkenntnisprozesses die charakteristischen Züge einerseits der erneuerten Hirtenströmung, welche die Vergeistigung der Wahrnehmungswelt erstrebt, und andererseits der erneuerten Königsströmung, welche die Vergeistigung der Begriffswelt sucht, zu erkennen.

Nur auf Grundlage ihrer realen und vollen Vereinigung ist nicht nur eine wahre Erkenntnis im strengen wissenschaftlichen Sinne dieses Wortes möglich, sondern auch ein aus dieser Erkenntnis hervorgehendes wahrhaft *freies* Handeln des Menschen, das Rudolf Steiner in seinem Buch als ein Handeln beschreibt, das aus «moralischer Phantasie» hervorgeht. Es sind allein diejenigen Taten, die aus «moralischer Phantasie» vollbracht werden, in der sich stets die Impulse des Kopfes und die des Herzens harmonisch verbinden, in der Lage, das wahre *Gute* in der Welt als höchste Frucht des Zusammenfließens der erneuerten Strömungen der Hirten und der Magier heute zu erschaffen.

Auf das hohe Ziel dieser Vereinigung weist die Abschlussstrophe des vierten Teils der Grundsteinmeditation hin:

> *Dass gut werde,*
> *Was wir*
> *Aus Herzen gründen*
> *Aus Häuptern*
> *Zielvoll führen*
> *Wollen.*

In diesen Worten wird von der Notwendigkeit gesprochen, im wahrhaft moralischen (guten) Tätigsein das intuitiv im Denken erfasstes *Ziel* und die Kräfte der Liebe, welche die zentralen Kräfte des Herzens sind und ihm als wahres Motiv *zugrunde* liegen, zu vereinigen.

Zwischen diesen beiden geistigen Säulen der anthroposophischen Bewegung: der «Philosophie der Freiheit» und der Weihnachtstagung mit ihrem Mittelpunkt, der Grundsteinmeditation, kommen in dem geisteswissenschaftlichen Werk Rudolf Steiners die wichtigsten Aufgaben der heutigen, fünften nachatlantischen Kulturepoche oder der Bewusstseinsseelenepoche zum Ausdruck, die sich unschwer als die Aufgaben der verwandelten Hirten- und Magierströmung für unsere Zeit erkennen lassen.

So sprach Rudolf Steiner am 14. Oktober 1916 (GA 171) von den beiden Hauptrichtungen, die in der gegenwärtigen Bewusstseinsseelenepoche zu entwickeln seien: eine phänomenologische Naturbetrachtung und das Leben in freien Imaginationen. Diese beiden Fähigkeiten finden wir auch in Goethes Werk. In seinen naturwissenschaftlichen Studien wurde die Grundlage zu einer phänomenologischen Betrachtungsweise der Natur gelegt, und im «Märchen von der grünen Schlange und der schönen Lilie», besonders jedoch im zweiten Teil des «Faust», tritt in künstlerisch vollendeter Form seine Fähigkeit, in der Welt der freien Imaginationen zu leben, voll in Erscheinung.

Deshalb konnte Rudolf Steiner auch unmittelbar an Goethe anknüpfen, indem er einerseits dessen phänomenologische Methode nicht nur im Bereich der sinnlich wahrnehmbaren Natur fortführte und so die Grundlage zum Goetheanismus als einer neuen Wissenschaftsrichtung legte, sondern diese Methode auch auf die Phänomene der übersinnlichen Natur ausweitete. Auf der anderen Seite führte Rudolf Steiner die Errungenschaften Goethes im Bereich des Lebens in freien Imaginationen weiter und verwandelte sie in die Fähigkeit zur objektiven Erkenntnis der geistigen Welt. Aus diesem Grund hielt er auch seinen ersten, vom «Märchen» Goethes ausgehenden esoterischen Vortrag am Michaelitag 1900, weil dessen Gehalt unmittelbar aus der geistigen Welt geschöpft war.

Damit vollbrachte Rudolf Steiner wie in einem feierlichen Grundsteinlegungsakt dasjenige, was heute als eine wichtigste Kulturaufgabe unserer Zeit anzusehen ist: die Entwicklung und gleichzeitige Vereinigung der Fähigkeit zur phänomenologischen Naturerkenntnis und zum Leben in freien Imaginationen. Wie wir sahen, kann man in diesen beiden Fähigkeiten diejenigen Eigenschaften erkennen, welche die verwandelten Hirten und die verwandelten Magier in sich entwickeln sollen. Denn im modernen Menschen muss sich das eine mit dem anderen verbinden.

Wie wir bereits sahen, erscheinen überall, wo eine solche Vereinigung vor sich geht, die übersinnlichen Kräfte der Sophia. Und daher wirken sie sowohl in der «Philosophie der Freiheit» als auch in der Weihnachtstagung von 1923. Ihre Anwesenheit im Werk Goethes fand ihren Ausdruck in der ihr gewidmeten Hymne, mit welcher der Dichter seinen «Faust» beendete. Aus dem Mund des «mystischen Chores» tönt dort die Lobpreisung der himmlischen Sophia, des «Ewig Weiblichen»:

Alles Vergängliche
Ist nur ein Gleichnis;
Das Unzulängliche,
Hier wird's Ereignis;
Das Unbeschreibliche,
Hier ist's getan;
Das Ewig-Weibliche
Zieht uns hinan.

Die Notwendigkeit, in der gegenwärtigen Epoche die neuen Fähigkeiten der Hirten und Könige zu vereinigen, hängt unmittelbar mit dem wichtigsten *übersinnlichen* Ereignis unserer Zeit zusammen, dem Erscheinen des Christus in ätherischer Gestalt. Die ganze Menschheit muss sich heute auf die neue Offenbarung des Christus aus der der Erde nächsten Sphäre der geistigen Welt vorbereiten. Diese Offenbarung besteht aus zwei deutlich zu unterscheidenden Elementen. Einerseits aus dem imaginativen Schauen der übersinnlichen Gestalt des Christus. Es bringt dem Menschen die neue Erkenntnis der kosmischen Wesenheit des Christus und seiner Verbindung mit der Erdenentwicklung. Andererseits vermittelt es eine übersinnliche Wahrnehmung von dessen Stimme, was in der Seele des Menschen neue moralische Kräfte weckt.

Zum Wahrnehmen dieser beiden Elemente der ätherischen Offenbarung des Christus kann man sich vorbereiten, indem man bewusst die erneuerten Fähigkeiten der Könige und Hirten in sich schult. So kann die Entwicklung der Fähigkeiten der Könige zum Schauen der ätherischen Gestalt des Christus führen und die Entwicklung der Fähigkeiten der Hirten zum Wahrnehmen seines geistigen Wortes, durch das er dem ganzen inneren Leben des Menschen bis hin zu den sozialen Beziehungen eine neue Orientierung gibt.

Die Entwicklung und Vereinigung *beider* Arten von Fähigkeiten in der Seele erweist sich aber, wie wir sahen, als das Ergebnis des Wirkens der übersinnlichen Kräfte der Sophia in der Seele. Und so gesehen ist die Suche nach ihr – eine der wichtigsten Aufgaben der Anthroposophischen Gesellschaft – nichts anderes als eine bewusste Entwicklung der neuen Fähigkeiten sowohl der Hirten als auch der Könige. Denn nach Maßgabe ihres Entstehens in der Seele beginnt die *Sophia* selbst darin gegenwärtig zu sein und zu wirken, diejenige Wesenheit, welche in unserer Zeit den Menschen *(Anthropos)* zu einem bewussten Erleben des ätherischen Christus führt.

So ist heute *Anthroposophie* als die zeitgemäße Synthese der beiden Wege, sowohl der Könige als auch der der Hirten, oder, was dasselbe ist, der nördlichen und der südlichen Mysterienströmung*, eine Repräsentantin der Sophia in der Bewusstseinsseelenepoche. Mehr noch, ohne diese ist es unmöglich, die Sophia-Kräfte wirklich zu erlangen. Und nichts benötigt die Menschheit heute

---

* Im Vortrag vom 19. Dezember 1910 (GA 124) sprach Rudolf Steiner davon, dass die entscheidende Prüfung in den nördlichen Mysterien die Begegnung mit dem großen Hüter der Schwelle sei und in den südlichen die mit dem kleinen Hüter. Im anthroposophischen Schulungsweg handelt es sich um die Begegnung mit beiden Hütern, was von der Vereinigung der beiden Wege in den neuen christlichen Mysterien zeugt als einer Folge des Mysteriums von Golgatha. (Siehe über die Begegnung mit dem großen und dem kleinen Hüter der Schwelle in den Büchern Rudolf Steiners «Wie erlangt man Erkenntnisse der höheren Welten?» (GA 10) und «Die Geheimwissenschaft im Umriss» (GA 13).

mehr als diese Kräfte, denn nur sie ermöglichen es, dem ätherischen Christus *bewusst* zu begegnen, das heißt, das zentrale Ereignis unserer Zeit nicht zu verschlafen.

Damit steht die zentrale Aufgabe der Anthroposophie in der heutigen Zeit vor uns: allen Menschen eines guten Willens die Sophia-Kräfte zu vermitteln, denn nur mit ihrer Hilfe kann der ätherische Christus gefunden und erlebt werden. So lassen sich die Worte Rudolf Steiners verstehen, die den Abschluss dieser Darstellung bilden: «Nicht dadurch, dass von außen allein etwas eintritt, wird der Christus im Laufe des 20. Jahrhunderts wieder erscheinen in seiner Geistgestalt, sondern dadurch, dass die Menschen jene Kraft finden, die durch die heilige Sophia repräsentiert wird» (GA 202, 24.12. 1920).

Anmerkungen

Eine ausführliche Behandlung des Themas, das in diesem Autorreferat behandelt wurde, liegt vor in dem Buch des Verfassers «Die himmlische Sophia und das Wesen Anthroposophie», 2. Auflage 1998, Verlag am Goetheanum.

Der Originaltext der Grundsteinmeditation findet sich in GA 260.
F. W. Zeylmans van Emmichoven «Der Grundstein», Stuttgart 1964, Kapitel «Der Fünfstern und die Christussonne».

Sergej O. Prokofieff

Die zwölf heiligen Nächte und die geistigen Hierarchien

Als Folge eines langjährigens Begehens der zwölf heiligen Nächte ist dieses Buch entstanden. Beim Ausloten des Themas in seiner ganzen Tiefe erwies es sich mehr und mehr als ein Schlüssel zur Beantwortung der wichtigsten christologischen Fragen der Anthroposophie. Dabei ergab sich auch, dass hierin ein Weg liegt, der nicht nur zum Verständnis der göttlich-geistigen Hierarchien, sondern vor allem zu den drei Wesen führt, die als höchste Inspiratoren der Anthroposophie zu bezeichnen sind: zu Christus, zur Sophia und zu Michael. Und jede dieser drei Wesenheiten ist auf ihre Weise mit den zwölf heiligen Nächten verbunden, wenn man diese als einen Weg von Jesus zu Christus oder – kosmisch gesprochen – vom Zeichen der Fische zu dem des Widder betrachtet. Aus diesem Grund ist das vorliegende Buch mit dem Herzen der Anthroposophie verbunden, deren zentrale Aufgabe in der Begründung des neuen kosmischen Christentums besteht.

8. Auflage 2013, 224 Seiten, kartoniert,
ISBN 978-3-7235-1511-2

Verlag am Goetheanum

Sergej O. Prokofieff

*Die himmlische Sophia
und
das Wesen Anthroposophie*

Das Leben mit der Frage «Was bedeutet die Anthroposophie für dein Leben und wie ist deine individuelle, innere Beziehung zu ihr?» in Verbindung mit einem intensiven Studium der Anthroposophie und einer stetigen meditativen Praxis führten allmählich zu einem ganz neuen Erleben der Anthroposophie. Sie erschloss sich nicht nur als eine zeitgemäße geisteswissenschaftliche Lehre, die sich aus den Quellen des esoterischen Christentums speist, sondern auch als eine lebendige Wesenheit der geistigen Welt, als Anthroposophia, welche den Menschen des 20. Jahrhunderts die neue Offenbarung der himmlischen Sophia, der göttlichen Allweisheit, bringt.

2. erweiterte und durchgesehene Auflage 1998,
272 Seiten, gebunden mit Schutzumschlag,
ISBN 978-3-7235-1036-0

VERLAG AM GOETHEANUM

SERGEJ O. PROKOFIEFF

Das Erscheinen des Christus im Ätherischen
Geisteswissenschaftliche Aspekte der ätherischen Wiederkunft

Vor einhundert Jahren sprach Rudolf Steiner zum ersten Mal über die ätherische Wiederkunft des Christus. Ihr ist das vorliegende Buch gewidmet. Rudolf Steiner entdeckte durch seine Geistesforschung verschiedene Aspekte dieses Ereignisses unserer Zeit, deren Aufarbeitung bis heute fehlt. – Drei Perspektiven der ätherischen Wiederkunft des Christus sind es, die mit den Aufgaben der Anthroposophischen Gesellschaft in Zusammenhang stehen: Die Vorbereitung der Menschheit auf die ätherische Wiederkunft; die Notwendigkeit, in der Anthroposophie die spirituelle Sprache zu erkennen, in der heute Fragen an den ätherischen Christus gestellt werden können; die Zusammenarbeit mit Christus als Herrn des Karma und die Beziehung zu Michael sowie das Erkennen der Gegenmächte, die dieses Ereignis verfälschen, gehören zum Inhalt der Darstellung.

192 Seiten, gebunden, ISBN 978-3-7235-1381-1

VERLAG AM GOETHEANUM